**Bibliografische Information der Deutschen Nationalbibliothek:**

Die Deutsche Bibliothek verzeichnet diese Publikation in der Deutschen National-
bibliografie; detaillierte bibliografische Daten sind im Internet über http://dnb.d-
nb.de/ abrufbar.

**Impressum:**

Copyright © 2010 GRIN Verlag
Druck und Bindung: Books on Demand GmbH, Norderstedt Germany
ISBN: 9783668661233

**Dieses Buch bei GRIN:**

https://www.grin.com/document/416274

Anna Kuhlmann

# Die Neue Schule Hamburg und die Sudbury Valley School. Gründung und Schulkonzept

GRIN Verlag

## GRIN - Your knowledge has value

Der GRIN Verlag publiziert seit 1998 wissenschaftliche Arbeiten von Studenten, Hochschullehrern und anderen Akademikern als eBook und gedrucktes Buch. Die Verlagswebsite www.grin.com ist die ideale Plattform zur Veröffentlichung von Hausarbeiten, Abschlussarbeiten, wissenschaftlichen Aufsätzen, Dissertationen und Fachbüchern.

## Besuchen Sie uns im Internet:

http://www.grin.com/

http://www.facebook.com/grincom

http://www.twitter.com/grin_com

# Die Neue Schule Hamburg

# Inhaltsverzeichnis

# 1. Die Sudbury-Valley-School

## 1.1 Gründung

- 1967 suchte eine Gruppe von Eltern im Bundesstaat Massachusetts (USA) eine Schule, die ihren Anforderungen entsprach → waren der Überzeugung, dass das bestehende Schulsystem Kindern irreparable Schäden zufügt
- da sie keine Schule gefunden haben, kam es 1968 schließlich zur Gründung der ersten Sudbury Valley School
- Ausgangspunkt der Schulgründung war die Idee: ein Kind ist eine Person und verdient als ein Mensch vollen Respekt
- Konsequenz daraus: der Plan des Kindes für sein eigenes Leben ist genauso wichtig wie der Plan irgendeines anderen Menschen – z.B. Eltern, Familie, Freund, Gesellschaft

→Konsequenz daraus wiederum ist, dass in der Schule im Bezug auf die Bildung den inneren Bedürfnissen der Kinder höchste Priorität eingeräumt werden muss

- für die Praxis bedeutet das: alle Aktivitäten der Kinder an SVS dürfen nur auf ihre eigene Initiative hin geschehen → kein von außen auferlegter Lehrplan, keine vorgeschriebenen willkürlichen Anforderungen
- Schule = unterstützende Umgebung, in der sich Kinder selbst aussuchen, was sie tun wollen, und ein Ort, an dem sie sich ihre Zeit selbst einteilen
- Grundlage des Sozialiserungsprozesses der Kinder muss Respekt für den Einzelnen
- daraus ergibt sich wiederum das Konzept der Demokratie als ein institutionelles Gebot , denn Demokratie wird allein auf der stabilen Grundlage des gleichen Respekts für alle Mitglieder der Gemeinschaft errichtet, sowie auf dem Respekt vor den Ideen und Hoffnungen dieser Mitglieder

→ Eckpfeiler des Schulkonzepts: ausnahmslos jedem Schüler wird an der Schule volles und gleichberechtigtes Mitspracherecht über die Leitung der Schule gegeben

- Eltern erhalten im Konzept der SVS eine besondere Bedeutung, denn es waren ja gerade Eltern, die die SVS gegründet haben → werden hier nicht wie von anderen

Pädagogen als lästig angesehen, sondern ihnen wird Anteil an der Bildung ihres Kindes zugesprochen

## 1.2 Grundlagen

### 1.2.1 Intellektuelle Grundlagen

- intellektuelle Ziel, das vor anderen Zielen steht, ist es, Bildung zu „bekommen"
- Kritik: „Lernen" wird in heutiger Gesellschaft gleichgesetzt mit „unterrichtet werden", hat einen Zwangscharakter, der verhindert, dass sich Kinder frei entfalten können
- SVS versteht „Lernen" als einen grundlegenden, für alle Menschen in gleicher Weise geltenden Prozess, den man selbst tut, nicht als einen Prozess, der an einem getan wird
- Lernen als einen natürlichen Trieb ähnlich dem Trieb nach Hunger und Durst → als das Wesen des Menschseins, doch darf zu diesem nicht gedrängt werden, allenfalls Hilfestellungen, aber gerade Hindernisse regen den Wissendurst an
- SVS = Schule, die den Kindern eine Umgebung schafft, in der sie in Ruhe gelassen werden, in der sich Lehrer nicht in den Lernprozess der Kinder einmischen, sondern allenfalls bei Fragen helfen → ein Ort, an dem gelernt werden kann und nicht zum Lernen gedrängt wird

### 1.2.2 Berufliche Grundlagen

- normalerweise stellt man an die Schule den Anspruch, dass sie Kinder dazu befähigt, später einen guten Job zu bekommen → damit verbunden sind Geld, Status und Aufstieg → daraus entwickelt sich die unangenehme Pflicht „zur Schule gehen zu müssen" → redensartlich „je besser der Job, umso besser war die Schule"
- von den Menschen der Zukunft, des Informationszeitalters, wird Kreativität, Vorstellungskraft und Unternehmertum gefordert → sie sollen in der Lage sein, Dinge handzuhaben, zu gestalten, zu formen, zu organisieren, mit neuen Materialien umgehen zu können mit alten und neuen Ideen

- Kritik: zwar wird dies von den Kindern gefordert, doch wird all dies in gewöhnlichen Schulen nicht gelehrt bzw. in den Lehrplan integriert
- an SVS besteht daher der ganze Lehrplan nur aus solchen Aktivitäten, die die Kinder dazu befähigen, in ihrem späteren Leben die Zukunft bewältigen zu können
- Beweis: Abgänger der SVS werden auch ohne schriftliche Empfehlungen etc. an hohen Universitäten gern genommen und sogar anderen, nicht SVS-Schülern vorgezogen
- Grund: Schüler sind während ihres schulischen Werdegangs auf vielen beruflichen Feldern tätig, die sie interessieren, und können ihren Interessen beliebig nachgehen → haben deshalb die besten Chancen für den beruflichen Aufstieg in einem Fachgebiet ihrer Wahl

### 1.2.3 Moralische Grundlagen

- Ziel: Bildung soll einen guten Menschen hervorbringen
- Frage: wie ist das zu schaffen?
- Antwort der SVS: durch persönliche Verantwortung als Grundlage für ethisches Verhalten → um ethisch entscheiden zu können, muss man in der Lage sein, einen Weg auszuwählen und die volle Verantwortung für die Entscheidung und deren Folgen akzeptieren → jeder ist für sein Handels selbst verantwortlich
- Kritik: Schulen leugnen in dreifacher Art, dass Schüler für ihre Handlungen persönlich verantwortlich sind:
  - 1. Schulen erlauben Schülern nicht, Handlungsabläufe vollständig selbst zu bestimmen
  - 2. Schulen erlauben Schülern nicht, den einmal gewählten Weg zu verwirklichen
  - 3. Schulen erlauben Schülern nicht, die Konsequenzen des von ihnen gewählten Wegs zu tragen
- gerade die Entscheidungsfreiheit, Handlungsfreiheit und die Freiheit, die Folgen des Handelns zu tragen, machen persönliche Verantwortung aus → nicht nur das Elternhaus sondern auch die Schule trägt im besonderen Maße zur Wertevermittlung bei

### 1.2.4 Soziale Grundlagen

- Kritik: Schulen verfehlen den Prozess der Sozialisierung, indem...
  - sie nach Alter trennen
  - sie nach Geschlecht trennen
  - sie die Eltern nicht in den Prozess miteinbeziehen
→ in der Schule lernen die Kinder keine normalen menschlichen Beziehungen kennen, sondern eher Beziehungen, die geprägt sind von Konkurrenzdenken = einer Hackordnung, die allein unterscheidet wer hässlicher, schneller, klüger etc. ist
- in der SVS steht Kooperation als das wichtigste soziale Merkmal im wirklichen Leben für eine stabile, gesund Gesellschaft, denn Konkurrenz führt zu nichts und entwickelt sich allenfalls aus der Konkurrenz gegen sich selbst

### 1.2.5 Politische Grundlagen

- Grundsatz: Schulen sollen durch die Vermittlung von Allgemeinwissen die Entwicklung zu einem guten Bürger begünstigen
- Gründung in Amerika: Glauben an einen demokratischen Staat, in dem alle Menschen durch ihre angeborenen Menschenrechte nach Idee der Gründerväter gleich sind → daraus ergeben sich Erwartung an eine Schule, wenn sie den Schülern beibringen will, produktiv zur Entwicklung und Stabilität des Landes mitzuwirken:
  - soll demokratisch, nicht autokratisch sein
  - soll mit klaren Regeln regiert werden und rechtsstaatlich sein
  - soll die Persönlichkeitsrechte der Schüler schützen
- Idee: Nur eine solche Schule, in der die Schüler mit den genannten Merkmalen aufwächst, befähigt die Schüler dazu, ein konstruktives Mitglied der Gesellschaft zu sein
- Kritik: heutige Schulen verstoßen gegen diese Erwartungen → könne Ziel nicht erreichen
- genannte Erwartungen sind aber Grundsätze der SVS:
  - wöchentliche Schulversammlung, in der alle Aspekte der Verwaltung einer Sudbury-Schule bestimmt werden. → z. B. das Beschließen von Gesetzen (Schulregeln), die Verteilung von Finanzmitteln

### 1.3. Sudbury Valley – Schule in Deutschland

- Berlin
- Dresden
- Düsseldorf
- Lepzig
- Lüneburg
- München
- Hamburg

# 2. Die Neue Schule Hamburg

## 2.1 Grundgedanken der Neuen Schule Hamburg

1. Neugierde
- Menschen sind von Natur aus neugierig → Neugierde führt zu fortwährendem Lernen
- Tiefgründiges, effizientes Lernen ist nur durch selbstbestimmtes Lernen möglich
- Neue Schule Hamburg bietet diese Möglichkeit zum selbstbestimmten Lernen: Schüler jeden Alters entscheiden was sie wie, wann und wo sie lernen
  →Fokus: Freiheit als Recht der Schüler als Menschen
2. Vertrauen und Verantwortung
- Gegenseitiges Vertrauen in Fähigkeiten, Talente und Möglichkeiten des Einzelnen
- Aus dem Vertrauen erwächst Verantwortung für sich Selbst und für die Gemeinschaft
- Schule nicht nur Wissensaustausch, sondern Ort, an dem soziale Fähigkeiten erworben und erprobt werden → Bsp.: Kooperation, um ein gemeinsames Ziel zu erreichen.
3. Leben
- Lesen, Schreiben und Rechnen = sind Voraussetzung für die aktive Teilnahme an unserer Gesellschaft
- Grundbedürfnis des Menschen = Teil der Gesellschaft zu sein
- Konsequenz: automatisch entsteht irgendwann ein Impuls, diese Kompetenzen erlernen zu wollen
- Lernen als natürlicher Prozess mitten im Leben→ Grundfertigkeiten werden quasi automatisch mitgelernt

## 2.2 Gemeinsamkeiten mit anderen reformpädagogischen Ansätzen

1.  Montessori Schule

<u>Gemeinsamkeiten:</u>

- Kinder haben mehr Freiheit, Entscheidungen darüber zu treffen, was sie interessiert und mit welchem Tempo sie vorankommen wollen
- Grundannahme, dass Kinder von Natur aus neugierig sind und nicht zum Lernen gezwungen werden müssen.

<u>Unterschiede:</u>

| Montessori Schule | Neue Schule Hamburg |
|---|---|
| • Montessori-Kinder können sich nur aus den vom Lehrer angebotenen spezifischen Optionen etwas aussuchen | • Kinder bestimmen Lerninhalte selbst und aufgrund persönlicher und individueller Vorlieben und Interessen |
| • Montessori-Erzieher glauben, dass alle Kinder nach bestimmten Mustern und Abfolgen lernen → Unterrichtsaktivitäten bauen auf den Annahmen des Modells, was für die jeweilige Altersgruppe "entwicklungsmäßig angemessen" ist, und verhindern den Zugang zu bestimmten Aktivitäten, wenn Aktivitäten, die in der vorgeplanten Abfolge früher stehen, nicht abgeschlossen sind | • keine feste Vorstellung davon, wie einzelne Kinder in welchem Alter lernen → Interesse ist das einzige Kriterium für jegliche Aktivität, und Befriedigung die einzige Auswertung des Erfolges |

2.     Waldorf Schule

<u>Gemeinsamkeiten:</u>

- Das ganze Kind steht im Fokus → nicht nur Interesse am akademischen Erfolg, sondern auch am Glück und am vollen menschlichen Potential jedes Einzelnen.
- Kinder werden zu nichts gedrängt (z.b. Lesen lernen) → wichtig sind zwei Dinge:
  - o Spielen, weil es für die Entwicklung des geistigen, körperlichen, emotionalen und spirituellen Selbsts der Kinder wichtig ist
  - o Respekt vor der intuitiven Weisheit der Kinder = nehmen Weltanschauungen und Interessen der Kinder ziemlich ernst

<u>Unterschiede:</u>

| Waldorf Schule | Neue Schule Hamburg |
|---|---|
| • Waldorfpädagogik hat einen vorbestimmten Lehrplan | • keinen vorbestimmten Lehrplan, sondern Vertrauen darauf, dass Kinder Fehler machen und aus ihren eigenen Fehlern lernen und so zu ihrer eigenen Lösung kommen, wenn nötig mit auch Hilfe |
| • Waldorfpädagogen bemühen sich, Kinder in eine bestimmte Richtung zu drängen, und versuchen, eine Umgebung zu erschaffen, die diese gesellschaftlicheTransformation (Eingliederung) begünstigt | • Versuch eine Umgebung zu erschaffen, in der Kinder ihren eigenen Plan finden und verfolgen können → Ziel: Kindern Zugang zur vollen Komplexität des Lebens zu geben, und ihnen zu helfen, die Neugier, das Vertrauen und die Kompetenz zu geben, damit sie in der Gesellschaft teilnehmen können |

## 2.3 Lern- und Lebensräume

Selbstmotiviertes Lernen

- Menschen, die begierig darauf sind, etwas zu lernen, vollbringen Höchstleistungen, um ihr Ziel zu erreichen
- Mit so einer tiefgründigen Beschäftigung sind Konzentration, Hartnäckigkeit und Ausdauer verbunden, die eine hohe Leistungsbereitschaft bei Interessengebieten offenbaren, welche für einen persönlich von Bedeutung sind
- Lerninhalte werden erfahrungsgemäß so in kürzester Zeit aufgenommen und umgesetzt, was auch neueste wissenschaftliche Untersuchungen über intrinsische Motivation zeigen

Neugieriges Sondieren

- oberflächliche Annäherung an die Umgebung oder ein konkretes Thema, auf das man zufällig stößt und mehr darüber wissen möchte
- aufgeschnappte Informationen werden so Teil eines großen Reservoirs an Wissen
- Oberflächlichkeit ist kein Mangel, sondern das Wesen dieser Form des Lernens
- Es soll weit gestreut sein, weil man so mit vielen verschiedenen Dingen bekannt gemacht wird

Lerngruppen und Unterricht

- gemeinsames Lernen der Schüler an einem Thema in Lerngruppen
- dabei lernen sie, ihr individuellen Fähigkeiten einzubringen und zu nutzen, um gemeinsam zu einem Ergebnis zu kommen
- Unterricht weitere Möglichkeit, die Schülern zur Verfügung steht
- Schüler vereinbaren dabei mit den Lehrern, was sie im Unterricht lernen wollen
- Lehrer stellt dafür adäquate Lernmittel und –zeiten zur Verfügung

Spiel und Leben

- Spielen ist untrennbar mit der Entwicklung der Fähigkeiten und Fertigkeiten, letztendlich der gesamten Persönlichkeit eines Kindes verbunden
- Im freien Spiel entwickelt sich Denken, Sprache und soziales Handeln

- Beim Spielen lernt das Kind seine Sinne kennen und kann sich und seine Umwelt begreifen lernen

Außerschulisches Lernen

- Schule und Lernen ist Teil der Gesellschaft
- Deshalb unterstützt die Schule über Exkursionen und Praktika hinaus auch Kooperationen mit anderen Schulen, Betrieben und Hochschulen, um dem Wissensbedarf der Schüler gerecht zu werden

Persönliches Lernarchiv

- jeder Schüler lernt unterschiedlich, benötigt andere Zeit-Räume
- gerade entdeckendes und selbstverantwortliches Lernen kann nicht in einem üblichen Stundenplan verankert werden
- jeder Schüler hat deshalb ein persönliches Lernarchiv, welches u.a. als Bibliothek, Sammelkasten und Notizzettel fungiert
- der Schüler sammelt darin z.b. seine Arbeiten, Unterrichtsmaterialien und Bücher und dokumentiert so seinen Lernstand und Lernfortschritt
- das Lernarchiv dient zum Nachschlagen und Rekapitulieren sowie zum Vertiefen der Interessengebiete sowohl für den Schüler selbst als auch für seine Lehrer
- in ihm spiegeln sich Persönlichkeit, Entwicklung und Erfolge eines Schülers wider

→ es ist unausweichlich, dass der Wissens- und Kenntnisstand einzelner im Laufe der Schulzeit immer wieder von den Vorgaben der Rahmenpläne abweichen

→ Erfahrung zeigt aber, dass die Schüler etwaige momentane Rückstände später innerhalb weniger Wochen und Monate aufholen, sobald das Thema „dran" ist

## 2.4 Die Schule im Detail

- Schule, in der die Grundprinzipien der freiheitlich-demokratischen Gesellschaft auf Basis des geltenden deutschen Rechts umgesetzt werden, ohne dabei das Recht auf Selbst- und Mitbestimmung für Kinder und Jugendliche einzuschränken
- Gesamtschule für Kinder und Schüler ab 6 Jahren mit jederzeitigem Schuleintritt von 1.-10. Klasse
- Gemeinsames und altersübergreifendes Lernen

- Schüler lernen, indem sie Dinge ausprobieren, anderen zusehen, etwas mit ihnen machen, sich mit ihnen unterhalten, spielen, lesen...
- Lerngruppen bilden sich durch gemeinsame Interessengruppen
- Jeder Schüler entscheidet für sich selbst, wann, was, wie und mit welchen Hilfsmitteln er lernt
- Dabei folgt er seinem eigenen Lehr- und Lernplan, der mit den Lehrern abgestimmt und dokumentiert wird
- Unterrichtsstunden bzw. Kurse finden auf Verlangen der Schüler statt → Lehrer legt geeignete Mittel und Zeiten fest
- Alle Entscheidungen, die die Schulgemeinschaft betreffen, werden in der wöchentlichen Schulversammlung, in der jeder Schüler und jeder Lehrer und Mitarbeiter eine Stimme hat, durch Mehrheitsentscheidung getroffen
- Schüler und Lehrer der Schule sind gleichberechtigt
- Beschwerden über die Verletzung der gemeinsam festgelegten Regeln werden von einem demokratisch legitimierten Lösungskomitee auf rechtsstaatliche Weise verhandelt
- Nachweis für jeden Schüler über das Erreichen der Kenntnisse, Fertigkeiten und Fähigkeiten entsprechend den Bildungszielen wird durch das persönliche Lernarchiv dokumentiert

## 2.5. Tagesplan und Wochenablauf

Tagesplan

- Tag wird von Schülern selber gestaltet
- Kein starrer Stundenplan, kein 45-Minuten-Takt, nicht einmal feste Fächer oder Klassenräume
- Schüler initiieren alle ihre Aktivitäten selbst und schaffen sich ihre eigene Lernumgebung
- Zu Beginn des Tages besprechen Schüler und Lehrer die persönlichen Lernarchive, um dann gemeinsam herauszufinden, mit welcher Art von Aufgaben und Materialien die einzelnen Schüler weiterarbeiten können
- Die werden im Tages- und Wochenplan festgehalten, an dem die Schüler dann selbständig weiterarbeiten

- Im Laufe des Tages und der Woche wechseln sich Einzelarbeit, Lerngruppen, vereinbarter Unterricht, Arbeitsgemeinschaften, Spiele und außerschulische Aktivitäten ab
- Schule ist von 8-17 Uhr geöffnet
- Feste Kern- und damit Lernzeiten: von 9-16 Uhr dürfen die Schüler anwesend sein
- Gemeinsames Mittagessen von 13-14 Uhr

→ Beispiel: Tagesplan

Wochenablauf

→ Beispiel: Wochenablauf

- während dieser Zeiten parallel auch andere Lehr- und Lernformen
- jeder Lehrer oder Mitarbeiter soll in die unterschiedlichen Lehr- und Lernformen aktiv oder passiv eingebunden sein
- in freien Zeiten steht er als Ansprechpartner zur Verfügung
- sein aktueller Aufenthaltsort wird über eine Magnettafel im Eingangsbereich sichtbar
- jeder Schüler wählt einen Lehrer oder Mitarbeiter als Coach für einen vereinbarten Zeitraum von mind. einem Schuljahr aus
- morgens zwischen 9-10 Uhr ist Raum und Zeit, sich mit seinem Coach auszutauschen

## 2.6 Struktur der Schule und administrative Einzelheiten

Allgemeines:

Standort

- Hamburg Rahlstedt

- Gebäude einer alten Villa (500qm) mit vier Etagen umgebaut: Multifunktions - und Musikräume, Sprach – und Wissenschaftslabore, Lese – und Ruheräume, eine Küche mit Speiseraum, Räume für Gruppen – und Einzelarbeit sowie für Internetrecherchen

Schulgröße:

- Platz für 85 Schüler (in den Klassen 1-10; die Sek. II zur Vorbereitung auf die Hochschulreife wird angestrebt)

- 9 Lehrer

<u>Schulzeiten:</u>

- Ganztagesschule → montags bis freitags von 8.00 – 17.00 Uhr geöffnet

<u>Aufnahme:</u>

- ganzjährig möglich (auch umgekehrt von dieser auf eine staatliche Schule)

- Schüler und Eltern müssen von dem Konzept überzeugt sein (Eltern, weil sie möglichst in einem engen Austausch mit der Schule stehen sollen und ihren Kindern beim eigenständigen Lernen vertrauen müssen (Dies ist das Fundament der Schule); sie können auch direkt ihre Ideen und Wünsche einbringen)

- soziale, kulturelle und ethnische Vielfalt vorhanden

<u>Versetzung:</u>

- keine Klassen → kein Versetzen notwendig, sondern automatisches Aufrücken

<u>Schulabschlüsse:</u>

- da die Schule nur genehmigte und (noch) nicht anerkannte Ersatzschule ist, kann man an dieser Schule keine Abschlüsse erlangen → externe Prüfungen, auf die an der Schule vorbereitet wird

<u>Finanzielles:</u>

<u>Schulgeld:</u>

- monatlich 160 €

- pro Geschwisterkind 80 €

- zusätzlich Lernmittelpauschale + tägliches Essensgeld

<u>Träger:</u>

- Verein „Neue Schule Hamburg e.V.“

- Gebäude + ggf. Stipendien stellen Anstiftung Nächstenliebe (Stiftung, die von Nena und ihrem Lebensgefährten gegründet worden ist)

Finanzierung:

- durch Spenden, Sponsoren, Zuschüsse von anderen öffentlichen und privaten Fördereinrichtungen, Vereins – und Elternbeiträge: die Schule ist insbesondere in den ersten 3,5 Jahren darauf angewiesen

- Bekannte Großspender: Anstiftung Nächstenliebe, Nena Kerner, Philipp Palm, Nena Musikverlag GmbH, MTV Networks, RTL – die Guiness Show, VOX Film und Fernsehen, mehrere Schulbuchverlage sowie viele Schüler, Eltern, Verwandte und Bekannte

- durch Kredit der GLS – Bank bis sie Landesfördermittel erhält (→ bis sie eine anerkannte Ersatzschule geworden ist, also nach 3,5 Jahren. Die Schule muss sich also erst beweisen.)

Die Lehrer:

- Vermittlung von Lebenspraxis (d.h. lernen, wie man sich Lernstoff aneignet)

- wichtige Bezugspersonen für Schüler → intensiver Kontakt

- offener Umgang, sodass sich Nähe und Vertrautheit entwickeln kann

- Die Lehrer sind [...] für Schüler da, wenn sie es wollen: sie hören zu, beantworten ihre Fragen, erklären Dinge, unterstüzen sie beim Auffinden von Informationen, geben bei Bedarf einen Unterrichtskurs und helfen ihnen

- zehn Personen, die die o.g. Aufgaben erfüllen (darunter nur drei studierte Lehrkräften)

- ein Mediziner, eine Krankenschwester, ein Informatiker, eine Kommunikationsdesignerin, eine Diplompädagogin, eine Industriebiologin und zur Zeit auch ein Praktikant

**Mitbestimmung der Schüler:**

<u>Komitees und Zuständige:</u>

- werden auch als Exekutive der Schuldemokratie bezeichnet (Erledigung von regelmäßig im Schulalltag anfallenden Aufgaben)
- von der Schulversammlung gewählt und bestimmt, wo sie notwendig sind

<u>Die Schulversammlung:</u>

- alltägliche Angelegenheiten in wöchentlichen Versammlungen aller Schüler geregelt
- berät u.a. über Verhaltensregeln, finanzielle Ausgaben und Einstellung/Weiterbeschäftigung von Lehrern und Mitarbeitern
- je eine Stimme pro Schüler, Lehrer und Mitarbeiter

<u>Das Lösungskomitee:</u>

- immer wechselndes Gremium der Schülerversammlung
- Zusammensetzung aus mehreren Schülern + einem Lehrer
- Teilnahme für Schüler verpflichtend

**Erfüllung der Bildungs – und Erziehungsziele:**

- am 07. März 2007 staatliche Genehmigung für die Grundschule und Sekundarstufe I als Gesamtschule (erster Schultag 3. September 2007)
- beachtet die Bildungs – und Erziehungsziele des Schulgesetzes für das Land Hamburg

**Forschungs – und Entwicklungsarbeit:**

- wissenschaftlich durch Frau Dr. Tanja Pütz von der Universität Dormund (Institut für allgemeine Didaktik und Schulpädagogik)
Begleitung der Schule → Erstellung eines mehrperspektivischen Schulportraits (Entfaltung theoretischer Grundlagen des Sudbury - Konzepts, Reflexion der Praxis, Besprechung empirischer Ergebnisse) → wissenschaftliche Untersuchung, die Einblicke und Ausblicke liefert

## 2.7. Medienrummel um Die Neue Schule Hamburg

- Zu Beginn des Projekts ein großer Wirbel um die Neue Schule Hamburg → Die Welt kündigt schon ein halbes Jahr vor Schulbeginn im April 2007 Nenas Schulprojekt an
- Artikel „ Nenas Schüler sollen sich frei entfalten können" dient der kurzen Vorsetllung des Projekts → Einzelheiten zur Reformschule, Vorstellung der Baupläne der alten Villa aus der Gründerzeit, Schülerzahlen, kurze Vorstellung des Konzepts
- FAZ.net schreibt am 4.09.07, nur einige Tage nach Beginn der Neuen Schule Hamburg, „An unserer Schule gibt es keinen Unterricht" → ein ausführliches Interview mit der Sängerin Nena über Besonderheiten der Schule wie z.B. dem Mitbestimmungsrecht der SuS beim eigenen Lehr- – und Lehrplan, gleichberechtigte Schulversammlungen und Problematik mit den Schulabschlüssen
- Zum Start der Neuen Schule Hamburg schreibt die Welt.de am 30.08.07 „Kein Geld für Nenas „Neue Schule Hamburg" → Schule ist auf Spenden angewiesen, da es sich um keine staatlich anerkannte Schule handle und sie deshalb nicht vom Land gefördert werde → Spendenaufruf durch Spendenaktion „Gib was Kleines für was Großes"
- Beginn der Neue Schule Hamburg
- Hamburger Abendblatt „Das Besondere an der von Pop-Sängerin Nena mit ins Leben gerufenen Schule: Jedes Kind lernt, was es will, wie es will." → Konzeptvorstellungen und Wurzeln des Konzepts, Komplikationen und Interview mit einer Mutter, die ihr Kind auf die Neue Schule Hamburg schicken will
- Ein halbes Jahr nach Eröffnung der Schule ist der Hype abgeklungen und die Schlagzeilen klingen weniger positiv → z.B. „Kinder berichten von Gewalt. Was ist an Nenas Kuschel-Schule los?" → Vorwürfe der Kuschelpädagogik
- Welt.de: „Gewaltprobleme an der Neuen Schule Hamburg"
- der Spiegel schreibt: „Schule der Pop-Mutti in der Krise" → Probleme mit Eltern, die nicht zufrieden waren, rücklaufende Schülerzahlen, Problematik der Konzeptumsetzung, Gewaltvorwürfe eines ehemaligen Schülers, Kritik an chaotischen Zuständen
- Weitere thematisierten Probleme: Lerngruppen kämen nicht zu Stande, kein Sprachunterrichtsangebot
- einige Eltern setzen die Schulbehörde davon in Kenntnis → Diese werde sich bald einschalten, aber es heißt auch dass es sich um ein noch sehr junges Projekt handle

und dass man erst nach einiger Zeit beurteilen könne

- Im „Stern" erscheint ein ausführlicher Artikel, indem Eltern und ihre Kinder berichten→Kritik: Kinder könnten nicht lernen und es gebe massive Probleme mit Gewalt → Auf Nachfrage des „Stern" bestätigt die Schulleitung die Fälle, sagt aber, dass Gewalt nicht toleriert werde, sondern dass es für solche Vorfälle ein gewähltes Lösungskomitee gibt
- weitere Probleme: Verabredungen mit den Lehrern kämen nicht zu Stande, Lehrkräftemangel, einige Fächer werden nicht angeboten
- Focus Online am 27.03.08: „Bei uns regiert Liebe" → Nena weist die Vorwürfe zurück, zwar räumt sie ein, dass es manchmal zwar zu Prügelszenen käme, aber die Gewaltvorwürfe erklärt sie für falsch

<u>Zusammenfassung:</u>

- viel Medienaufmerksamkeit, da es sich um eine von der Sängerin Nena gegründete Schule hält → fällt besonders daran auf, dass überwiegend sie zur Rede gestellt wird und sich von den richtigen Schulleitern nur einer zu Wort meldet und dabei handelt es sich um Nenas Lebensgefährten, Philipp Palm.
- es wird deutlich, dass die Medien die Idee einer von Schülern bestimmten Schule erst hoch schaukeln und dann runter machen
- neuere Schlagzeilen in den Medien über die Neue Schule Hamburg finden sich nicht

# Literaturverzeichnis

Daniel, Greenberg: Endlich frei! Leben und Lernen an der Sudbury Valley School. Aus dem Amerikanischen übersetzt von Martin Wilke. Freiamt im Schwarzwald 2004.

Daniel, Greenberg: Ein klarer Blick: Neue Erkenntnisse aus 30 Jahren Sudbury Valley School. Aus dem Amerikanischen übersetzt von Sabine Reichelt. Leipzig 2006.

The Sudbury Valley School Press: Die Sudbury Valley School. Eine neue Perspektive auf das Lernen. Aus dem Amerikanischen übersetzt von Martin Wilke. Leipzig 2005.

http://www.neue-schule-hamburg.org/